Darius Reinehr

Meine Aufsätze

Band I

Ethikunterricht an allen Schulen – Ein Konzept

8 Seiten

Kann Glaube wahr sein?

Eine Analyse auf Basis von Ethik und Logik

6 Seiten

Fürdere Aufsätze

9 Seiten

Bibliografische Information der Deutschen Nationalbibliothek:
Die Deutsche Nationalbibliothek verzeichnet diese Publikation in der Deutschen National-
bibliografie; detaillierte bibliografische Daten sind im Internet über dnb.dnb.de abrufbar.

Herstellung und Verlag: BoD – Books on Demand, Norderstedt

ISBN: 978 3 7543 4078 3

Ethikunterricht an allen Schulen –

Ein Konzept

Darius Reinehr, 2008/2013

Information

Den Aufsatz `Ethikunterricht an allen Schulen – Ein Konzept´ habe ich im Frühjahr 2014 den Schulleiterinnen und Schulleitern der 64 Schulen in Wiesbaden – Grundschulen, Hauptschulen, Gesamtschulen, Sonderschulen, Realschulen und Gymnasien – dem Schulamtsleiter und dem Oberbürgermeister zugesandt.

Von den Schulen habe ich nur 3 Antworten erhalten, davon 2, die mir Ihre Nichtzuständigkeit und Ihr Desinteresse mitteilten. Dabei wußte ich, daß über ein solches Unterrichtskonzept nicht an den Schulen selbst entschieden wird. Ich wollte Interesse hervorrufen und möglicherweise `einen Stein ins Rollen bringen´, wie ich den Adressaten auch mitteilte, und Meinungen erfahren. Die Reaktionen der Ignorierung sind ein Armutszeugnis für den Guten Willen und die Höflichkeit der Schulleiterinnen und Schulleiter.
   Einzig die Schulleiterin der Grundschule, die ich besucht habe, hat mir einen netten Brief geschrieben und einen Jubiläumsband der Schule geschenkt.

Daraufhin habe ich diesen Aufsatz den höchsten und den für diesen Bereich zuständigen Politikerinnen und Politikern in Deutschland per Post zugeschickt – der Bundeskanzlerin, der Bundesministerin für Bildung und Forschung, den Ministerpräsidentinnen und Ministerpräsidenten sämtlicher Bundesländer sowie den Regierenden Bürgermeistern der Stadtstaaten und den für das Schulwesen zuständigen Ministerinnen und Ministern sämtlicher Bundesländer sowie den zuständigen Senatoren der Stadtstaaten und der ständig tagenden Kultusministerkonferenz.

Von allen habe ich Antwort erhalten, durch Beauftragte und von einigen auch persönlich. Auch wenn mir die meisten ihre Anerkennung aussprachen, verwiesen viele auf den Religionsunterricht oder, daß Ethikunterricht als Wahlpflichtfach schon angeboten würde – meist erst ab der 7 Klasse. Die wenigsten schrieben, daß sie meine Meinung der Wichtigkeit einer Etablierung von Ethikunterricht als Pflichtfach in allen Klassen sämtlicher Schularten teilen. Und nur ein paar schienen Verwendung für meine Anregungen zu haben und wollten sie „…in die weitere Planung zur Neugestaltung des Ethikunterrichtes miteinfließen lassen", wie in einem Antwortschreiben stand – immerhin.

Es ist verantwortungslos von den politisch Entscheidungstragenden, daß sie Ethikunterricht nicht die gebührende Wichtigkeit beimessen, obwohl dieser, und ganz allgemein die Vermittlung von ethischen Werten, eingedenk der heutigen Krisen, die gänzlich mangelndem ethischen Verständnis und Verhalten geschuldet sind, wichtiger denn je ist, und es eigentlich allerhöchste Eisenbahn dafür ist.

Ethikunterricht an allen Schulen
– Ein Konzept

Es ist paradox, daß Sokrates, Platon und Aristoteles als wichtigste Denker der abendländischen Antike anerkannt sind und deren Wirken und Lehren als prägnant für unsere heutige westliche Kultur gelten, aber dem Wissen, das sie uns hinterlassen haben, keine staatliche Beachtung in gebührender Weise zukommt. Außer der Beschäftigung von Wenigen mit diesem Wissen an Universitäten oder in privatem Rahmen, bleibt es ungenutzt.

Dabei ist der Nutzen, den der Staat von der breiten Anwendung dieses Wissens haben könnte, so groß, daß langfristig viele der Probleme, die den Staat belasten, gelöst werden könnten.

Die menschliche Grundlage in einer Gesellschaft sind ihre Kinder. Mit welchen Werten oder Antiwerten sie aufwachsen, ist von immenser Tragweite für die sich entwickelnden Verhältnisse in der Gesellschaft.

Nun haben sich diese Verhältnisse in unserer Gesellschaft schon in negativer Weise bis zu einem bestimmten Grad entwickelt. Der Primärgrund dafür liegt in der mangelnden Vermittlung von ethischen Werten an den Schulen und in den Familien.

In der Nachkriegszeit lag der Werteschwerpunkt, wie schon zuvor, bei Disziplin, Fleiß und Ordnung. Dies sind jedoch keine ethischen Werte, sondern allenfalls Rahmenbedingungen. Mit dem wirtschaftlichen Aufschwung verlagerte sich der Schwerpunkt auf die Kenntnisse von Fachwissensbereichen, die hauptsächlich auf die Mehrung des Wohlstandes in der Gesellschaft ausgerichtet waren. Hinzu kamen die zersetzenden Einflüsse der, durchaus auch Positives kreierenden, Unterhaltungsindustrie in immer größer werdendem Ausmaß. Fazit: Falsch verstandene Werte verwandelten sich in fehlende Werte, die Antiwerten den Platz überließen.

Nun will ich nicht in erster Weise negative Bilanz ziehen, sondern einen Lösungsweg aufzeigen.

Menschen kommen mehr oder weniger moralisch veranlagt auf die Welt. Bei ersteren sollte das ethische Bewußtsein gefördert werden, zweiteren kann es nur von Grund auf beigebracht werden. Um diese Reifeprozesse in Gang zu bringen, bedarf es einer entsprechenden Erziehung im Elternhaus oder Unterrichtung an der Schule. Optimal wäre beides zugleich; da aber viele Eltern selbst keine ethische Erziehung oder Unterrichtung erfahren haben, können sie dies auch nicht an ihre Kinder weitervermitteln, also muß bei dem Schulsystem angesetzt werden.

Lesen-, Schreiben-, Rechnenlernen – kurz Bildung ausschließlich, reicht zur guten Entwicklung des Menschen nicht aus. Dazu bedarf es ethischer Einflüsse, die an der Schule gewährleistet werden können und sollen.

Ich plädiere für die Einführung von Ethikunterricht an allen Schulen. An den Grundschulen soll Ethikunterricht auf kindgerechte Weise stattfinden, an den Hauptschulen, Realschulen und Gymnasien dem Maß der möglichen späteren beruflichen Verantwortung entsprechend.

Das Ziel dieser Idee ist nicht, die gesellschaftlichen Strukturen zu verändern. Das heißt, die Gesamtheit der Haupt- und Realschüler soll nicht deshalb Ethikunterricht erhalten, damit sie bald promoviert, anstatt die beruflichen Klassen der Arbeiter und Angestellten zu stellen.

Das Ziel ist vielmehr, daß die Menschen durch die Bildung eines ethischen Bewußtseins eine tiefe innere Zufriedenheit entwickeln, achtsam mit sich selbst, ihren Nächsten, den Mit-

menschen, den Mitgeschöpfen und der Natur insgesamt umgehen. Das Ergebnis wäre ein harmonischer Staat des Guten: Verschwinden von Drogensucht, Kriminalität, Kindesmißbrauch, Scheidungen, Tierquälerei, Umweltschädigung und allem weiteren Übel.

Leider ist anzunehmen, daß viele Mächtige aus Politik und Wirtschaft die Realisation dieses Ideals nicht begrüßen werden, weil es ihrer Selbstsucht und Gier entgegensteht. Denn ein Volk, dessen Mehrheit keine ethische Wertevorstellung hat, läßt sich – vermeintlich – leichter regieren und ist – unbestritten – zügelloser in seinem Konsumverhalten. Der Grund dafür, daß viele Verantwortliche aus Politik und Wirtschaft daran Interesse haben, ist, daß sie selbst kein ethisches Bewußtsein entwickelt haben, weil es ihnen nicht vermittelt wurde.

Durch umfangreichen Ethikunterricht an den Gymnasien und Hochschulen kann darauf hingewirkt werden, daß künftige Machthaber und Verantwortliche im Staat ein moralisches Gewissen entwickeln, welches es ihnen verbietet, schlechte Gesetze zu beschließen, Menschen auszubeuten, hemmungslosen Konsum zu fördern oder die Natur zu schädigen.

Ich definiere nun meine Vorstellung des Ethikunterrichtes.

<u>Grundschule</u>

Im Ethikunterricht der ersten drei Schuljahre werden in der gleichen Reihenfolge ausgewählte Märchen, Fabeln und Sagen vorgelesen und besprochen. Die meisten Kinder haben ein natürliches Interesse an mythischen Geschichten, die sie so kennenlernen und deren moralische Botschaften erfahren. Durch die gemeinsame Erörterung werden Meinungsbildung und Urteilsvermögen geschult.

Eine Sage mit hohem ethischen Lernwert ist die Sage des Herakles, insbesondere die Geschichte `Herakles am Scheideweg´, in der er als Jüngling darüber nachdenkt, was für ein Leben er künftig führen wolle, worauf ihm die Göttin der Tugend und die Göttin des Lasters erscheinen und ihm beide Lebenswege beschreiben. Durch die spannenden Abenteuer, die Herakles erlebt, dürften die Schulkinder von seiner Sage begeistert sein.

Die Sage des Midas, dem die Erfüllung seines Wunsches, alles was er berührt, möge sich in Gold verwandeln, bitter aufstieß, als er feststellte, daß sich auch Speise und Trank, für ihn ungenießbar, in Gold verwandelten, die Sage von Daidalos und Ikaros, die sich mit selbstkonstruierten Flügeln in die Lüfte emporschwangen, Ikaros aber die Mahnung seines Vaters ignorierte, er möge nicht zu hoch fliegen, wegen der Sonnenstrahlen, die das Wachs der Flügel schmelzen, und nicht zu niedrig, wegen der Wellen, die die Flügel beschweren würden, die Sage des Theseus, der den Minotaurus bezwang, die für diesen als Opfer ausgelosten Menschen befreite und mit dem Faden der Ariadne den Weg aus dem Labyrinth fand und viele weitere Sagen sind wertvoll für den Unterricht im dritten Schuljahr.

Ethik ist fest verbunden mit Philosophie.
Das 2004 in Deutschland erschienene Buch `Gedankenspiele – Philosophie für Kinder´ der schwedischen Autorin Liza Haglund ist als Lehrbuch im vierten Schuljahr optimal.

Desweiteren sollten schon ab der Grundschule Ernährung und Umweltschutz Themata des Ethikunterrichtes sein.

Der Ethikunterricht sollte für alle Grundschulklassen jeweils wenigstens einmal wöchentlich in einer Doppelschulstunde stattfinden.

Haupt- und Realschule

5. und 6. Schuljahr

Im Ethikunterricht der Schuljahre 5 und 6 werden die wichtigsten Philosophen, beginnend mit der griechisch-römischen Antike, sowie die Grundzüge und bestimmte Kerninhalte ihrer Lehren vorgestellt und bearbeitet. Der Sinn des Ethikunterrichtes ist nicht, den Schulkindern nur eine bestimmte philosophische Richtung aufzuzeigen und sie von vornherein in subjektiver Weise zu beeinflussen, sondern ihnen verschiedene geistige Modelle zu zeigen, um so das objektive moralische Urteilsvermögen zu schulen. Die Schulkinder werden selbst erkennen, welchen Modellen in ihrem ethischen und logischen Anspruch der Vorzug zu geben ist.

Als Einstieg im Unterricht bieten sich die Sieben Weisen an, die als die ersten Philosophen gelten: Thales: „Erkenne dich selbst!" Solon: „Nichts zu sehr!" Chilon: „Bürgschaft, – schon ist Unheil da." Pittakos: „Erkenne den passenden Augenblick!" Bias: „Die meisten sind schlecht." Kleobulos: „Maß ist das Beste." Periander: „Alles ist Übung." Von ihnen sind vorwiegend Sinnsprüche überliefert und Aussagen zu wichtigen Fragen, wie beispielsweise: „Welches ist der beste Staat?" Thales: „Der weder allzu Reiche noch allzu Arme hat." Kleobulos: „Wo die Bürger einen Tadel mehr fürchten als das Gesetz." Manche Aussprüche dürften die Schulkinder auch zum Lachen bringen, zum Beispiel mahnte Thales: „Wer harten Stuhlgang hat soll drücken."
Als Zeitrahmen sind 4 Doppelschulstunden, also 4 Wochen schätzbar.

Es folgen die Begründer der wichtigsten philosophischen Richtungen: Pythagoras, Sokrates, Platon, Aristoteles, Diogenes, Epikur und Zenon. Die Lebensweisen und Meinungen der einzelnen Philosophen waren teilweise unterschiedlich bis gegensätzlich. Die von ihnen begründeten philosophischen Richtungen standen entsprechend konträr zueinander.
Pythagoras, der neben mehreren Funktionen, darunter die bekanntesten als Astronom und Mathematiker, auch Philosoph war, wurde vom Senat und den Machthabern griechischer Kolonialstädte in Unteritalien dazu berufen, der Bevölkerung Ethikunterricht zu erteilen; die Machthaber selbst ließen sich von ihm unterrichten. Auch lange nach seinem Tod waren unter seinen Anhängern, den Pythagoreern, politische und militärische Machthaber, die weise und gerecht regierten. Sokrates, der auf den öffentlichen Plätzen Athens Passanten, gleich welchen Standes, in Gespräche verwickelte, die meistens das tugendhaft geführte Leben zum Thema hatten, wurde zum Tode durch den Giftbecher verurteilt, weil er sich zu oft die Mißgunst hochrangiger Bürger zugezogen hatte, deren vermeintliches Wissen er als Nichtwissen aufgedeckt hatte. Sein Schüler Platon, der die Gespräche Sokrates´ aufschrieb und seine eigenen Lehren entwickelte, beschäftigte sich mit den Fragen: „Was ist das Gute? Was sind Ideen? Ist die Seele unsterblich? Wie ist der ideale Staat beschaffen? Was ist Tugend?" und entwarf logische faszinierende Erklärungsmodelle. Er gründete eine Schule, die Akademie, und hat zweifellos viele der wichtigsten Philosophen nach ihm beeinflußt. Sein Schüler Aristoteles verehrte Platon in hohem Maße, war aber in wichtigen Fragen anderer Meinung und gründete nach dessen Tod eine eigene Schule. Seine Erkenntnisse sind bis heute von grundlegender wissenschaftlicher Bedeutung. Die von Epikur begründete philosophische Gemeinschaft der Epikureer war der Meinung, Philosophen sollten sich nach Möglichkeit der gesellschaftlichen und politischen Verantwortung entziehen, um den Seelenzustand nicht in Aufruhr zu versetzen. Ihr Versammlungsort war Epikurs Garten, in dem sie sich mäßigen Vergnügungen hingaben und ausschließlich für sich philosophierten. In krassem Gegensatz dazu standen die Stoiker. In der von Zenon begründeten Schule der Stoa war es Lehrmeinung, daß der Mensch ein gemeinschaftliches Wesen ist, tugendhaft leben und nach Kräften seinen Beitrag zum Gelingen der Gesellschaft leisten soll. Berühmte römische Stoiker waren Marc Aurel, der

Philosoph als Imperator, und Epiktet, ein freigelassener Sklave. Die Kyniker, die nach dem Vorbild des Diogenes lebten, lehnten Besitztum ab und hüllten sich in Lumpen. Diogenes selbst lebte in einer Tonne. Eine der berühmten Anekdoten über ihn ist, wie er am hellichten Tage mit einer leuchtenden Laterne über den bevölkerten Marktplatz schritt und auf die Frage, was er da mache, zur Antwort gab, er suche nach Menschen.

7. Schuljahr

Die griechisch-römische Philosophie der Antike ist also Unterrichtsthema im 5. und 6. Schuljahr. Im 7. Schuljahr wird das erlernte Wissen mit der Tugendlehre ergänzt und vertieft. Die Schulkinder schreiben über jede der Tugenden: Wahrhaftigkeit, Treue, Weisheit, Gerechtigkeit, Tapferkeit, Besonnenheit und Maßhaltigkeit, um die wichtigsten zu nennen, einen Aufsatz. Anschließend wird die jeweilige Tugend diskutiert und abschließend definiert mittels der speziellen Lehren solcher Philosophen, die intensive Forschung darüber betrieben haben, vor allem Platon, Sokrates, Aristoteles sowie die Stoiker.

Als Zeitrahmen sind 2 Doppelschulstunden, also 2 Wochen, pro einzelne Tugend schätzbar.

8. Schuljahr

Im 8. Schuljahr sind die Religionen Unterrichtsthema. Neben den Gesamtreligionen: Christentum, Judentum, Islam, Hinduismus, Buddhismus und den verbreitetsten sowie den geistvollsten ihrer einzelnen Richtungen, wie Sufismus und Alevismus im Islam, werden auch Naturreligionen wie die der Indianer und die der Kelten vorgestellt und verglichen. Besondere Aufmerksamkeit erfahren dabei auch die Religionsbegründer sowie die geschichtliche Entwicklung von Religionen.

Durch die Erkenntnisse, zu denen die Schulkinder im Ethikunterricht der vorangegangenen Schuljahre gelangt sind, verfügen sie nun über ein Grundmaß an objektivem und moralischem Urteilsvermögen und sind gefeit gegen schlechte Einflüsse einiger Religionen und in der Lage, diese kritisch zu beurteilen.

Schon Buddha verlangte von seinen Schülern, seine Lehre nicht anzunehmen, ohne sie einer gewissenhaften Prüfung zu unterziehen. Und Sokrates forderte seine Anhänger auf, keine Lehre anzunehmen, ohne diese ethisch und logisch zu hinterfragen.

9. und 10. Schuljahr

Im ersten Halbjahr des 9. Schuljahres an den Haupschulen und im ganzen 9. Schuljahr an den Realschulen wird eine Auswahl der wichtigsten Denker der Neuzeit und der Moderne vorgestellt und deren Lehren und Meinungen diskutiert und in Form von Interpretationen bearbeitet.

Im zweiten Halbjahr des 9. Schuljahres an den Hauptschulen und im 10. Schuljahr an den Realschulen ist der philosophische Ethikunterricht vorwiegend lebenspraxisbezogen. Ein Themenbestandteil ist die Vermittlung des Verständnisses, daß die einzelnen Berufe zum Funktionieren der Gesellschaft beitragen und der Handwerker genauso achtungswürdig seinen Beitrag leistet, wie die Wissenschaftlerin. Und diejenigen, die von ihrer Fähigkeit her am besten zur Fabrikarbeit geeignet sind, sollen sich nicht minderwertig fühlen, sondern verantwortungsvoll der Gesellschaft gegenüber ihre Arbeit verrichten, im frohen Bewußtsein, in einem freiheitlichen und sozialen Staat zu leben, der ihnen die Möglichkeit gibt, sich in der

Freizeit sinnvoll zu entfalten. Weitere Themenschwerpunkte sind: Welche sinnvollen Freizeitbeschäftigungen gibt es? Wie ist eine gute Ehe/Lebenspartnerschaft zu führen? Wie ist eine gute Kindererziehung zu gewährleisten? Welches ist die beste Ernährung? Was kann ich zum Tierschutz beitragen? Wie leiste ich als Einzelner meinen Beitrag zum Umweltschutz? Der Unterricht bietet natürlich auch die Möglichkeit für freie Themen nach Bedarf.

Sonderschule

Das Ethikunterrichtskonzept der Sonderschule ist gleich dem der Hauptschule.

Die Möglichkeit moralischer Entwicklung darf Kindern, die Sonderschulen besuchen, nicht vorenthalten werden. Wenn der Ethikunterricht an den Grundschulen etabliert und auf Dauer erfolgreich ist, kann die Form der Sonderschule vielleicht irgendwann abgeschafft werden.

Fachhochschule

Das Ethikunterrichtskonzept der Fachhochschulen sämtlicher Bereiche ist gleich dem des Gymnasiums der Schuljahre 11 und 12.

Gymnasium

Das Ethikunterrichtskonzept des humanistischen sowie des naturwissenschaftlichen Gymnasiums ist bis zum 10. Schuljahr gleich dem der Realschule.

In den Schuljahren 11 bis 13 (bis 12 beim verwerflichen G8) werden bestimmte Bücher der wichtigsten Philosophen, wie `Apologie des Sokrates´ und `Phaidon´ von Platon, `Nikomachische Ethik´ von Aristoteles, `Metamorphosen´ von Ovid, `Vom glücklichen Leben´ von Seneca, ganz gelesen und in Interpretationen und Diskussionen bearbeitet. Außerdem darf jede Schülerin und jeder Schüler aus einem breiten Angebot philosophischer Literatur einzelne Bücher zur Lektüre, Interpretation und Vortragung auswählen.

Universität / Hochschule

Für alle Berufe, die ein hohes Maß an Verantwortung erfordern – Politiker, Pädagogen, Mediziner, Forscher, Juristen, Offiziere – ist neben dem jeweiligen Hauptstudium ein umfangreiches Ethik- und Philosophiestudium Bedingung.

In dessen Rahmen lernen angehende Mediziner den Hippokratischen Eid nicht nur kennen, sondern auch, ihn zu verinnerlichen, so daß er zu ihrer Geisteshaltung wird. Für künftige Politiker wird die genaue Kenntnis von Werken wie `Der Staat´ von Platon, `Selbstbetrachtungen´ von Marcus Aurelius und ähnlicher Werke weiterer wegweisender Philosophen zur Pflicht. Für Jurastudenten werden `Die Gesetze´ von Platon zur Pflichtlektüre, und genauso für die weiteren Berufsbilder die ihnen entsprechenden vortrefflichsten philosophischen Werke. Natürlich lernt der angehende Mediziner auch den `Staat´ und der künftige Politiker auch die Lehre des Hippokrates kennen, jedoch nicht als Schwerpunkt, sondern um Geist und Seele in allumfassender Weise zu schulen.

Philosophen als Lehrer

Künftige Lehrer sollen auch Philosophen sein, gleich welches Schulfach sie unterrichten.

In Finnland werden Lehramtsbewerber in allen schulischen Bereichen geprüft – finnische Grundschullehrer müssen bis zur sechsten Klasse Unterricht in allen Schulfächern, einschließlich Ethik, erteilen können – doch die wichtigste Prüfung bezieht sich auf die Pädagogik; nicht die Schulfächer sollen unterrichtet werden, sondern die Schüler. Die Lehramtsbewerber werden zudem psychologisch und moralisch geprüft. Nur solche Lehrer sind dort erwünscht, die sich dazu berufen fühlen und die richtige geistige Einstellung haben. Nur jeder hundertste erfüllt diese zugegebenermaßen hohen Anforderungen. Damit man die besten Schüler der Welt bekommt, muß man die besten Lehrer ausbilden. Wie erfolgreich das finnische Schulsystem ist, ist allgemein bekannt.

Die hoffentlich baldige Einführung von Ethikunterricht an allen Schulen erfordert selbstverständlich eine Nachschulung oder Weiterbildung derjenigen jetzigen Lehrer, die dieses Fach unterrichten wollen.

Dieses Studium sollte so aufgebaut sein, daß diejenigen, die es mit Begeisterung erfolgreich abgeschlossen haben, als Ethiklehrer qualifiziert und dazu geeignet sind, möglicherweise die Zukunft zu retten.

Frühling 2008
Sommer/Herbst 2013 (überarbeitet)

Kann Glaube wahr sein?

Eine Analyse auf Basis von Ethik und Logik

Darius Reinehr, 2013/2018/2021

Kann Glaube wahr sein?
Eine Analyse auf Basis von Ethik und Logik

Ist es anmaßend, den eigenen Glauben für wahr zu halten und damit zugleich die anderen Glaubensarten mehr oder weniger für unwahr, eingedenk dessen, daß die Anhänger der anderen Glaubensarten diese auch für wahr halten? Wäre es vernünftig, den eigenen Glauben nur für möglicherweise wahr zu halten und so anderen Glaubensarten zuzugestehen, daß sie auch wahr sein können? Nur können nicht sämtliche Glaubensarten, von denen viele konträr zueinander stehen, wahr sein. Maßgebliche Kriterien für eine Einschätzung sind Ethik und Logik.

Es ist möglich, den eigenen Glauben und im Vergleich dazu die anderen Glaubensarten auf Basis von Ethik und Logik zu analysieren.

Analyse meines Glaubenssystems

Die Kosmische Schöpfungskraft ist real.

Begründung: Auf der Erde und im gesamten Kosmos sind gleiche und ähnliche geordnete Abläufe, Entwicklungs- und Resonanzmuster erkennbar.

Beispiel 1: Flora und Fauna – Damit auf der Erde Menschen leben können, ist zu den vier Elementen als Voraussetzung die Flora erforderlich. Damit die Pflanzen jedoch nicht sämtliche für menschliches Leben geeigneten Landflächen überwachsen, ist die Fauna erforderlich. Die Pflanzen werden von den pflanzenfressenden Tieren dezimiert. Damit diese jedoch nicht die meisten Pflanzen auffressen, werden sie ihrerseits von den fleischfressenden Tieren dezimiert. Damit dabei ein bestimmtes Maß nicht überschritten wird, gibt es wehrhafte pflanzenfressende Tiere, fressen sich fleischfressende Tiere einer bestimmten Rangordnung gemäß gegenseitig und ist die Geburtenrate von Raubtieren an die von ihren Beutetieren angepaßt. Die Natur reguliert sich also von allein und es ist logisch, daß die Voraussetzung dafür ein bestehendes Ordnungsprinzip ist.

Beispiel 2: Sonnensystem – Die Sonne ist von der Sternenart, die für das Leben auf der Erde förderlich ist. Die Erde ist von besonderer Beschaffenheit, bekam in ihrer Frühzeit von Kometen Wasser geliefert und befindet sich in genau dem Abstand zur Sonne, der Leben ermöglicht und hat den Mond, der dazu förderlich ist und sich ebenfalls in genau dem richtigen Abstand befindet. Die vier Gasriesen Jupiter, Saturn, Uranus und Neptun ziehen Asteroiden zum Teil durch ihre Schwerkraft an und erfüllen damit eine Schutzfunktion für die inneren Planeten, insbesondere die Erde. Der Sonnenwind schirmt am Rande des Sonnensystems vor der Kosmischen Strahlung ab, und das Magnetfeld der Erde schirmt vor dem Sonnenwind ab. Dies sind Faktoren, die nicht als wahllose Zufälle zu verstehen sind.

Kosmos = Ordnung

Fazit: Wahllos zufällige Verhältnisse sind ausgeschlossen. Es bestehen Ordnungsprinzipien. Von diesen auf die Kosmische Schöpfungskraft – Gott – zu schließen, ist logisch.
Definition: Im pantheistischen Verständnis, dem meines teils gleicht, ist Gott nicht personell, sondern als Kosmische Schöpfungskraft in allem enthalten, alles umgebend.

Es gibt nur eine höchste Kraft: Liebe.

Das Gute ist ein daraus resultierendes Prinzip, das Böse nicht. Das Böse besteht nur in Abwesenheit oder der Nichtbeachtung des Guten.

Daß es genauso umgekehrt sein könne, also das Böse ein Prinzip sei oder das Gute und das Böse gleichwertige Prinzipien seien, ist ausgeschlossen.

Begründung: Das Prinzip des Guten ist eng verbunden mit dem Prinzip des Schönen. Den Beweis dafür bietet die Natur. Wald, Meer und die anderen geographischen Beschaffenheiten sind schön. Einfaches Beispiel: Eine Blume ist schön. Sich an ihr zu freuen, ist gut. Die Existenz der Blume in der Natur, und damit ihre Schönheit, ist natürlichen Ursprungs und die Verwirklichung des Prinzips des Schönen. Die Freude an ihr, und damit auch die Achtung vor ihr, ist die Verwirklichung des Prinzips des Guten.

Daß in der Natur, insbesondere in der Tierwelt, das Prinzip: Fressen und Gefressenwerden vorherrscht, scheint ein Konträr dazu zu sein. Da dieses Verhalten jedoch für das Überleben der jeweiligen Spezies erforderlich ist, anders als beim Menschen, der aus Gier oder Vergnügen Tiere tötet, ist es weder als gut noch als böse einzustufen – also neutral.

Fazit: Liebe ist die höchste Kraft und daraus resultierend sind das Gute und das Schöne die höchsten Prinzipien.

Die Existenz der Seele ist real.

Die Seele besteht aus einer Art Energie – ist also immateriell.

Nicht wenige Menschen, darunter auch Wissenschaftler, bezweifeln oder negieren die Existenz der Seele. Sie meinen, das Persönlichkeits- und Erfahrungsbewußtsein des Menschen sei im Gehirn verortet und ende mit dem physischen Tod. Das ist nicht folgerichtig gedacht. Denn nicht das Gehirn erzeugt die Lebendigkeit, sondern die Lebendigkeit ist ursächlich für die Gehirnfunktion, wie auch für die Herztätigkeit.

Logisch ist also nur, daß die Lebendigkeit immateriell ist und das Gehirn von ihr angetrieben wird.

Als Begründung schafft der simple Vergleich zwischen Mensch und Computer Klarheit. Das Gehirn ist vergleichbar mit der Hardware, die Gedanken sind vergleichbar mit den Datenströmen. Sonnenlicht, Sauerstoff, Wasser und Nahrung, die der Mensch aufnimmt, sind vergleichbar mit dem Strom, der dem Computer zugeführt wird. Der entscheidende Unterschied besteht darin, daß der Mensch lebendig ist und der Computer nicht.

Fazit: Die richtige Folgerung ist, daß die Lebendigkeit die Existenz der Seele voraussetzt.

Die Seele existiert ewig.

Die Seele ist eine Energieform – also ist ihre Existenz von ewiger Dauer.

Beweis: **Energieerhaltungsgesetz:**
Energie läßt sich weder erschaffen noch vernichten,
sondern nur von einer Art in eine andere umwandeln.

Viele meinen, das Leben ende mit dem Tod, auf den die Nichtexistenz, also das Nichts, folge. Das ist nicht folgerichtig gedacht. Denn so wäre Leben überhaupt nicht erst möglich.

Begründung: Wenn nach dem Leben das Nichts stünde, müßte es demzufolge auch vor dem Leben stehen. Das Leben wäre gewissermaßen eine Unterbrechung des Nichts. Wäre das Nichts real, wäre es ein vollendeter Zustand, denn es könnte keinen Entwicklungsprozeß durchlaufen; es gibt keine Steigerung von nichts. Wie also sollte das Nichts als vollendeter Zustand etwas Unvollkommenes wie das Leben in sich enthalten können oder sich davon unterbrechen lassen?

Fazit: Das Nichts ist nicht real. Falls doch, kann es mit dem Leben nicht in Kontakt kommen. Das Leben währt ewig.

Höhere Sphären sind real.

Von der ewigen Existenz der Seele auf höhere Sphären zu schließen, ist folgerichtig.

Für den Menschen ist Energie aufgrund ihrer höheren Schwingungsfrequenz nicht direkt wahrnehmbar. Energie nimmt dabei denselben Raum ein wie Materie – ist also parallel existent. Da die Seele ewig existiert, ist es folgerichtig, daß sie beim Tod des Körpers die Schwingungsebene erreicht, die analog zu ihrer Schwingungsfrequenz ist – und das ist idealerweise eine höhere Sphäre.

Zwei Naturwissenschaftler haben faszinierende Erkenntnisse über Nahtoderfahrungen gewonnen und beschrieben, die als Beweise für höhere Sphären gewertet werden können.

Der Physikprofessor Markholf H. Niemz schreibt in seinem Buch `Lucy im Licht – Dem Jenseits auf der Spur´, daß Nahtoderfahrungen mit der Einsteinschen Relativitätstheorie erklärbar sind. Diese besagt, daß die Reise mit Lichtgeschwindigkeit durch einen Tunnel auf ein helles Licht zu führt, Raum und Zeit aufgehoben sind. Genau das berichten Menschen, die Nahtoderfahrungen gemacht haben. Licht ist die einzige bekannte Kraft, die gemäß der Relativitätstheorie auch außerhalb von Raum und Zeit existieren kann. Die physikalisch-logische Erkenntnis daraus ist, daß die Seele bei der Nahtoderfahrung und folglich auch nach dem Tod des Körpers in einer höheren Sphäre weiterexistiert.

Der Neurochirurg Dr. Eben Alexander hielt Nahtoderfahrungen für ein Phantasieprodukt chemischer Reaktionen im Gehirn, bis er selbst eine hatte. Durch eine Hirnhautentzündung fiel er für 7 Tage ins Koma; die behandelnden Kollegen schätzten seine Überlebenschancen als äußerst gering ein. Nach seiner wundersamen Genesung überdachte er sein bisheriges Weltbild und beschreibt seine Erlebnisse während des Nahtods – die Reise mit einem engelsgleichen Geschöpf an einen paradiesischen Ort im Jenseits in vollkommener Harmonie, von der Präsenz Gottes umgeben – in seinem Buch `Blick in die Ewigkeit´. Für ihn gibt es keinen Zweifel mehr daran, daß Gott, die Seele, das Jenseits und die Ewigkeit real sind.

Die Bücher beider Wissenschaftler sind Bestseller, was bekundet, daß ein großes Interesse an diesem Thema besteht und derzeit eine Bewußtseinserweiterung vieler Menschen stattfindet. Dies sind zwei prägnante Beispiele von vielen für die Annäherung von Naturwissenschaften und Geisteswissenschaften, die übrigens im antiken Griechenland noch vereint waren.

Raum und Zeit sind unbegrenzt und unendlich.

In der Astrophysik und in der Kosmologie besteht heutzutage auch die Annahme, daß vor dem Urknall unzählige weitere stattgefunden haben. Dies wäre durch Meßergebnisse der kosmischen Hintergrundstrahlung erkennbar, wurde bekanntgegeben. Ein Urknall ist demzufolge der Übergang eines alten Universums in ein neues – immer wieder.

Ein einfacher Beweis für die Unendlichkeit der Zeit ist in der Mathematik der Zahlenstrahl. In beiden Richtungen ist den Zahlen kein Ende gesetzt, wobei die Minus-Zahlen die Vergangenheit und die Plus-Zahlen die Zukunft symbolisieren.

Von der Unendlichkeit der Zeit auf die Unbegrenztheit des Raumes zu schließen, ist folgerichtig. Außerdem würde sich, nähme man die Begrenzung des Raumes an, die Frage stellen, was außerhalb davon ist.

Reinkarnation ist real.

Die Seele durchläuft einen Entwicklungsprozeß als Mensch, für den ein einmaliges Leben als solcher nicht ausreichen würde. Zudem sind die Startbedingungen für die einzelnen Seelen als Menschen unterschiedlich. Weil im Kosmos Ordnungsprinzipien bestehen, eines davon das Prinzip von Ursache und Wirkung, ist wahllose Zufälligkeit ausgeschlossen; die Seelen der Menschen sind für ihre Lebensbedingungen selbst ursächlich. Gemäß ihrer Lebensführung schaffen sie die Startbedingungen ihrer nächsten Inkarnationen. An der Entwicklungsstufe, die die Seele in einer Inkarnation erreicht hat, setzt sie in der nächsten an.

Das Ziel der Inkarnationen ist für die Seele, die Vollkommenheit in der menschlichen Existenz zu erlangen, was nur durch Erkenntnis und Tugendhaftigkeit möglich ist; schließlich sind das Gute und das Schöne die höchsten Prinzipien. Erst dann sind weitere Inkarnationen als Mensch in der irdischen Sphäre nicht mehr erforderlich und die Seele setzt ihre Entwicklung in höheren Sphären fort, oder sie inkarniert weiter als Mensch, um in ihrer Meisterschaft für die Bewahrung der Erde und die ethische Entwicklung der Menschen zu wirken.

Der Reinkarnationsglauben bestand und besteht in vielen Kulturen und Religionen auf der Welt, teilweise unabhängig voneinander, von der Antike bis heute. Die berühmtesten Philosophen, Dichter und Denker – von Pythagoras bis Goethe – hielten die Reinkarnation für wahr.

Spezielle Forschungsinstitute belegen die Reinkarnation, wie im Falle des Ian Hedgedorn aus Pensacola, dessen Großvater als Polizist an einem Schuß ins Herz starb. Der Junge wurde kurze Zeit später mit einem Herzklappenfehler geboren und mußte sogleich an derjenigen Stelle des Herzens, an der sein Großvater tödlich verwundet wurde, operiert werden, wie der Autopsiebericht und der Operationsbefund belegen. Im Alter von drei Jahren begann er, in der Rolle seines Großvaters zu sprechen, wie seine Mutter berichtete.

Eine Vielzahl ähnlicher Fälle wurde weltweit dokumentiert.

Daß Reinkarnation real ist, findet auch Bestätigung durch Menschen, die bereits in ihrer frühen Kindheit über außergewöhnliche Talente verfügen, deren Voraussetzungen sie nur im vorherigen Leben geschaffen haben können.

Emily Bear, genannt: Neuer Mozart, spielt seit dem Alter von zwei Jahren auf hohem Niveau Klavier und komponiert, ohne von ihren Eltern dazu gedrängt worden zu sein. Erst mit fünf Jahren erhielt sie Klavierunterricht, gab bald darauf ihr erstes Konzert. Mit neun Jahren hatte sie schon 400 Stücke komponiert und trat in der Carnegie-Hall, der berühmtesten Konzertbühne der Welt, auf.

Die einzig logische Erklärung ist, daß sie in ihrem vorherigen Leben diese Fähigkeiten entfaltet und darin Meisterschaft erlangt hatte.

Andere Glaubensarten

Auf Basis von Ethik und Logik lassen sich sämtliche Glaubensarten analysieren – also auf ihren Wahrheitsgehalt hin bewerten.

Wer die Irrigkeit von Kerninhalten anderer Glaubensarten erkannt hat, sollte deren Anhängern gegenüber grundsätzlich (wenn keine Belästigung oder Bedrohung von ihnen ausgeht) verständnisvoll und wohlgesonnen eingestellt sein. Denn die meisten von ihnen bekommen ihren Glauben in den kulturellen Umfeldern, in denen sie aufwachsen, durch religiöse Traditionen anerzogen. Diese zu hinterfragen, bekommen sie in der Regel nicht beigebracht. Sie irren bei vermeintlich bestem Gewissen.

Wenn sie allerdings wohlgesonnen eingestellt und herzensgut in ihrem Verhalten sind zur Natur und ihren Mitgeschöpfen, ist es nicht so wichtig, was sie glauben.

Der Nutzen dieser Erkenntnisse

Die Bewußtheit, daß es eine Schöpfungskraft gibt, all-so Gott real ist, im Kosmos Ordnungsprinzipien bestehen, Liebe die höchste Kraft ist und daraus resultierend das Gute und das Schöne die höchsten Prinzipien sind, die Seele ewig existiert und als Mensch so lange wiedergeboren wird, bis sie die Vollkommenheit erlangt hat, höhere Sphären real sind, Raum und Zeit unbegrenzt und unendlich sind, trägt erheblich dazu bei, den Zustand der Glückseligkeit dauerhaft herzustellen und die Lebensführung wahrlich zu optimieren. Es besteht so die hohe Motivation, sich selbst zu erkennen und seine Lebensaufgabe zu erfüllen, verantwortungsvoll im Umgang mit der Natur und seinen Mitgeschöpfen zu leben, Tugendhaftigkeit optimal zu entwickeln und durch Freude an der Natur, der Kunst, dem Wissen und der Philosophie allein und in Gemeinschaft Anteil am Guten und Schönen zu haben sowie – optimaler Weise – Beitrag dazu zu leisten.

Fürdere Aufsätze

Darius Reinehr, 2011-2020

Die höchsten Prinzipien und ihre Wirksamkeit

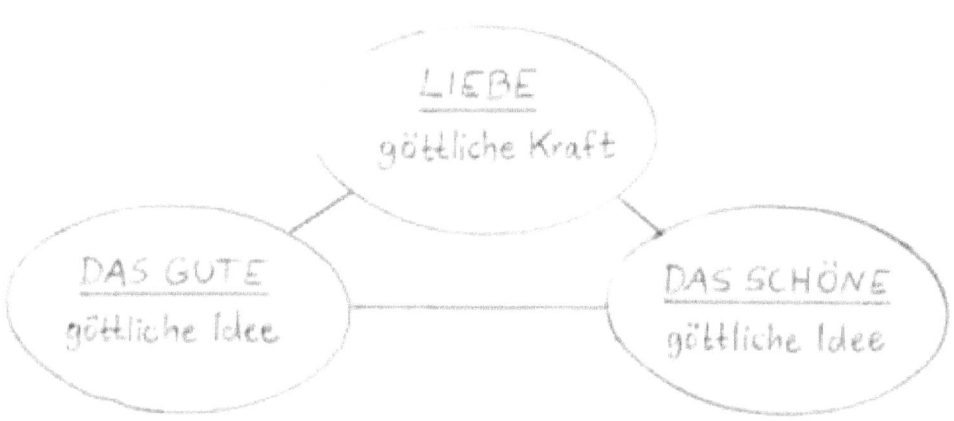

```
                    ┌─────────────┐
                    │    LIEBE    │
                    │ göttliche Kraft│
                    └─────────────┘
      ┌─────────────┐         ┌─────────────┐
      │  DAS GUTE   │         │ DAS SCHÖNE  │
      │göttliche Idee│        │göttliche Idee│
      └─────────────┘         └─────────────┘
```

Ethik	Ästhetik
Definition der Wirksamkeit des Guten	Definition der Wirksamkeit des Schönen

Das Gute verwirklicht sich im Verhalten:

durch Tugendhaftigkeit.

Das Schöne verwirklicht sich in der Form:

durch die Schöpfung in der Natur und durch die Erschaffung von Kunst.

Ein Kunstwerk, welches das Gute zum Thema hat, ist Verwirklichung **des** Schönen und zugleich Anregung zur Verwirklichung des Guten.

Anteil am Guten und Schönen ist Voraussetzung für Beitrag zum Guten und Schönen.

6. Januar / 6. April 2012

2

Bestimmung der höchsten Tugend

Frage:	Welche ist die höchste der Tugenden?
Antwort:	Weisheit
Begründung:	Weisheit enthält alle weiteren Tugenden.
Erklärung:	Wer weise ist, ist auch gerecht, denn wäre er ungerecht, wäre er nicht weise.
	Wer gerecht ist, ist nicht unbedingt weise, denn er kann maßlos und unbesonnen sein.
	Diese Formel läßt sich auch im Vergleich zu den weiteren Tugenden anwenden.
Schlußfolgerung:	Weise ist, wer wahrhaftig, treu, gerecht, tapfer, maßvoll und besonnen ist.
	Weisheit ist Tugendhaftigkeit.

6. Januar/6. April 2012

Verbesserung der Schlußfolgerung

Weisheit ist weder eine einzelne Tugend, noch die Gesamtheit aller Tugenden, sondern gleichbedeutend mit ganzheitlicher Erkenntnis.
Und diese ergibt in ihrer Anwendung zusammen mit Tugendhaftigkeit vollkommene Gutartigkeit.

16. Juni 2021

Pantheismus (eigene modern-hermeneutische Definition)

Pantheismus ist die Vorstellung von der Schöpfungskraft im Kosmos, die in allem Existierenden und Seienden enthalten ist; maßgeblich ist kein personeller Gott, sondern eine sinnstiftende Vernunft – der Logos. Regularium ist neben den vier physikalischen Naturkräften: Starke Kernkraft, Schwache Kernkraft, Elektromagnetismus und Gravitation das Resonanzprinzip – das Gesetz von Ursache und Wirkung, das sowohl spirituell als auch materiell wirksam ist.

Der Logos ist ewig, demzufolge auch die Seele. Die Zeit ist unendlich, der Raum unbegrenzt. Zudem bestehen Sphären von unterschiedlichem Niveau und Stoffgehalt.

Die These, daß die Schöpfungskraft in allem enthalten ist, also die sinnstiftende Vernunft in jedem Menschen angelegt ist, zwingt zu der Frage: Warum sind nicht alle Menschen automatisch vernünftig? Die Antwort darauf ist schon erfolgt: Die sinnstiftende Vernunft ist in jedem Menschen angelegt; das bedeutet noch nicht, daß sie auch ausgeprägt ist. Das Potential besteht zwar, nur ob es entwickelt wird durch gezielte Förderung, Unterrichtung, Erkenntnis und Motivation ist entscheidend. Daraus läßt sich schlußfolgern, daß der Logos erst in dem Menschen erkennbar wird, der dabei ist, das `Samenkorn´ zur `Blüte´ zu bringen – wohlgemerkt: dabei ist – Wollen und Streben sind bereits gut.

Herbst 2020

Marcus Aurelius´ stoisch-pantheistische Lebenseinstellung und sein Wunsch eines idealen Weltstaates des Guten und Schönen

Marcus Aurelius, `der Philosoph auf dem Kaiserthron´, hat mit seinen Schriften, insbesondere den `Selbstbetrachtungen´, die während seiner letzten Lebensjahre überwiegend in Feldlagern während zwingend zu führender Verteidigungskriege entstanden sind, ein berühmtes philosophisches Werk vollbracht.

Seine Philosophie ist von der Basis her die stoisch-pantheistische; derzufolge ist die Welt ein Teil des Kosmos (= Ordnung), in dem alles miteinander verkettet und verwoben ist, durchwaltet von einer sinnstiftenden Vernunft, dem Logos, auch Natur genannt, der göttlichen Kraft im stoischen Verständnis. Dieser zu folgen, ist die Aufgabe des Menschen, die zu erfüllen, einzig die Philosophie verhilft. Freilich hat Marcus Aurelius auch in kynischer Art über die Verderbtheit der Menschen und die Flüchtigkeit des Materiellen geschrieben.

Gerne hätte er, durch Platon inspiriert, einen idealen Weltstaat des Guten und Schönen verwirklicht, wußte dabei aber, daß dies den Menschen nur aufgezwungen werden könne, solange sie ihre Grundeinstellung nicht ändern und von selbst das Gute und Schöne anstreben würden. So kam er zu der Schlußfolgerung, daß es vernünftig ist, erst bei sich selbst anzufangen und sich zu vervollkommnen.

Deshalb wurde ihm vorgeworfen, er sei introvertiert, uneingedenk dessen, daß schon Aristoteles erklärte, der vollkommene Mensch muß insofern ich-bezogen sein, weil er dadurch, daß er sich selbst vervollkommnet, auch seinen Mitmenschen und im weiteren Sinne der Welt nützt – gemäß dem pantheistischen Weltverständnis, demzufolge alles miteinander zusammenhängt.

„Wieviel Muße gewinnt der, der nicht darauf, was sein Nächster spricht oder tut oder denkt, sondern nur auf das sieht, was er selbst tut, daß es gerecht und heilig sei; sieh nicht, sagt Agathon (Athenischer Dichter, 5. Jh. v. Chr.), die schlechten Sitten um dich her, sondern wandle auf gerader Linie deinen Pfad, ohne dich irremachen zu lassen."

Selbstbetrachtungen, Viertes Buch, 18

Sommer 2017

Religion

In meinem Glauben ist Gott überpersonell und als Schöpfungsenergie im gesamten Universum, in der Natur und in den Lebewesen enthalten.
Sinn des menschlichen Lebens ist die Entwicklung des inneren göttlichen Potenzials.
Das gelingt durch einen bewußten Lernprozeß, in dem der Mensch achtsam lebt und gute Eigenschaften, Tugenden entwickelt, was nicht immer leicht fallen mag.
Deshalb sind Freude und Dankbarkeit wichtig.
Man braucht weder Asket noch Eremit zu sein, wenn man bewußt und verantwortungsvoll lebt, insbesondere in der Familie, im Umgang mit den Mitgeschöpfen und beim Konsum.
Ich persönlich fühle mich in stillen Momenten, zuhause oder im Wald, Gott und der Schöpfung näher als in einer Kirche, auch wenn ich die wohltätige Funktion der Kirchen befürworte und Kirchensteuer entrichte.
Die Frage: `Wie kann Gott die Übel in der Welt zulassen?´ und die These: `Die Wege des Herrn sind unergründlich.´ sind meiner Meinung nach nicht haltbar, weil die Welt eine Schulfunktion hat. Zur Regulierung tritt das Gesetz von Ursache und Wirkung in Kraft, das auch in der Physik gültig ist. Darüber hinaus können Engel Schutz gewähren.
Die Seele verbringt mehrere Leben als Mensch für ihren Reifeprozeß, den sie beschreiten kann, wenn sie will, und muß, wenn sie wünscht, glückselig zu sein und in ihre wahre Heimat zu gelangen. Faszinierend finde ich, daß nicht nur Buddha, sondern auch bedeutende Denker Europas, wie Pythagoras, Sokrates, Platon, Goethe, Hesse, Morgenstern u.v.m. diese Vorstellung als logisch und wahr erachtet haben.
Fazit: Man kann einer bestimmten Religion angehören, braucht es aber nicht, um einen vernünftigen Glauben zu pflegen.

Religionen können der Welt nur dann zum Segen gereichen, wenn ihren Anhängern eine Moral innewohnt, die religionenübergeordnet ist, also für alle Glaubensrichtungen gleichermaßen gültig sein kann.
Schon Buddha verlangte von seinen Schülern, seine Lehre nicht anzunehmen, ohne sie einer gewissenhaften Prüfung zu unterziehen. Und Sokrates forderte seine Anhänger auf, keine Lehre anzunehmen, ohne diese ethisch und logisch zu hinterfragen.

Leserbrief an Blitz Tip zu einer diesbezüglichen Meinungsumfrage, April 2012
(stieß nicht auf Interesse, auch auf Nachfrage keine Reaktion)

„Ethik ist wichtiger als Religion.“

Dalai Lama

Ergänzung
21. Juni 2021

Von der Ewigkeit des Lebens

Wenn nach dem Leben das Nichts stünde, würde das bedeuten, daß es auch davor stand – denn wie könnte nach dieser Überlegung das Leben keinen Anfang haben, wenn es ein Ende hätte? – das Leben würde aus dem Nichts entstehen und im Nichts enden.

Das Leben wäre damit nur eine Unterbrechung des Nichts; aber warum sollte sich das Nichts unterbrechen lassen? Wenn das Nichts real wäre, würde es kein Leben geben – auch nicht für einen Moment.

Denn wenn es das Nichts gäbe, wäre es ein vollendeter Zustand. Wäre es dagegen ein unvollendeter Zustand, würde es eine Entwicklung durchlaufen. Aber wie sollte sich das Nichts entwickeln? Es gibt keine Steigerung von nichts. Wenn es also das Nichts gibt, ist es ein vollendeter Zustand. Und dieser würde keinen unvollkommenen Zustand wie das Leben in sich enthalten oder sich von ihm unterbrechen lassen.

Sollte es also das Nichts geben, kann es mit dem Leben nicht in Berührung kommen, auch nicht vorher und nachher. Vor dem Leben und nach dem Leben ist also Leben – ewig.

Mai 2011

Die Schwingungsfrequenzen der Seelen
und die Schwingungsebenen

Die Erde in ihrer materiellen Form befindet sich auf der grobstofflichen Ebene. Darüber befinden sich feinstoffliche Ebenen von geringer werdenden Dichtheitsgraden. Darüber ist nicht vertikal zu verstehen. Die verschiedenen Schwingungsebenen sind Sphären, die sich einander überlagert befinden – also denselben Raum einnehmen.

Diese Vorstellung ist erklärbar durch die unterschiedlichen Schwingungsgrade. Eine hohe und eine niedrige Schwingung können denselben Raum einnehmen. Auf der niedrigen Schwingungsebene ist die hohe Schwingung nicht direkt wahrnehmbar. Ein einfacher Vergleich: Wenn auf einem Blatt Papier eine Fläche mit einem Buntstift dünn ausgemalt wird und anschließend mit demselben Stift dick darüber gemalt wird, ist die zuvor dünn aufgetragene Farbe nicht wahrnehmbar, und doch ist sie da – an derselben Stelle. Umgekehrt trifft der Vergleich auch zu, wenn eine Fläche zuerst dick ausgemalt und anschließend dünn darüber gemalt wird.

Die Lebewesen, vom Mineral bis zum Mensch, bestehen aus grobstofflichen Körpern. Diesen innewohnend ist Energie, die als Seele bezeichnet wird. Die Seele durchläuft Entwicklungsstadien, in denen sie ihre Schwingungsfrequenz erhöht. Umhüllt von grobstofflichen Körpern, dessen Schwingungsfrequenzen der Schwingungsebene der grobstofflichen Welt gleichen, sind die Schwingungsfrequenzen der als Menschen inkarnierten Seelen von unterschiedlichem Niveau. Die Seele ist durch ihre Grundschwingung zwar nicht direkt wahrnehmbar, aber auf unterem Niveau ist ihre Frequenz immerhin so langsam, daß sie nach der Exkarnation keine höhere Schwingungsebene erreichen kann. Das Langsame kann nicht in schnellerer Umgebung bestehen. Eine solche Seele bleibt auf der niedrigen Schwingungsebene in der grobstofflichen Welt und gelangt in einen neuen Körper oder verbringt eine Weile körperlos. Vorstellbar ist auch, daß es eine nächsthöhere Schwingungsebene gibt, die aber noch so niedrig ist, daß die Seele mit niedriger Schwingungsfrequenz dorthin gelangt.

Am wahrscheinlichsten ist allerdings die Vorstellung, daß jede Seele, egal welches Niveau ihre Schwingung hat, einen Funken von höchster feinstofflicher Frequenz enthält, und nur dieser höhere Seelenteil nach der Exkarnation für eine bestimmte Dauer auf diese höchste feinstoffliche Schwingungsebene gelangt, während der niedrig schwingende Hauptteil der Seele auf der diesem gleichenden Schwingungsebene bleibt.

Die Seele, die in ihrer Entwicklung weiter ist, hat diesen Funken vergrößert. Dem Entwicklungsgrad der Seele analog ist die Ausdehnung dieses Funkens der höchsten Energiestufe. Durch dieses hohe Energieniveau sendet und empfängt die Seele reine Informationen – befindet sich im Austausch mit den Wesen der hohen Schwingungsebene. Zudem nimmt diese weiterentwickelte Seele schöpferischen Einfluß auf ihr Leben, insbesondere auf das Leben der mit ihr verwandten Seelen; sie erschafft ihre Realität selbst.

Das höchste Schwingungsniveau ist erreicht, wenn die reine Energie dieses Funkens auf die gesamte Seele ausgedehnt ist. Dann kann diese Seele in ihrer Gesamtheit nach der Exkarnation auf der hohen Schwingungsebene bleiben.

Juni/Juli 2012
(auch die folgenden Zeichnungen dazu)

Überlagerung der Sphären

 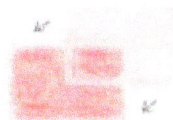

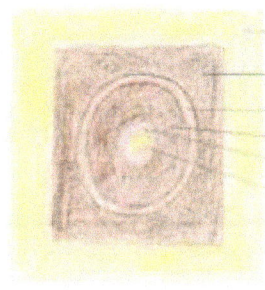

Feinstoffliche Sphäre
Grobstoffliche Sphäre
Aura
Körper
Seele
Feinstofflicher Funken

Vollkommen entwickelte Seele